GAZZOTTI
VEHLMANN

seuls

2 Le maître
des couteaux

DUPUIS

À Pierre, Lucie, François et Marion,
inépuisables sources d'inspiration.
Fabien.

Pour Lucie, mon amour, mon trésor.
Papa.

Couleurs : Cerise
Conception graphique : Stefan Dewel
D.2007/0089/86 — R.3/2013.
ISBN 978-2-8001-3913-5
© Dupuis, 2007.
Tous droits réservés
Imprimé en Belgique par Proost
www.DUPUIS.com

PEFC-Certifié
Ce livre est issu de
forêts gérées
durablement, de
sources recyclées et
contrôlées.
PEFC/07-31-241 www.pefc.org

DALIM
SOFTWARE
Powered by

J'AI PRESQUE FINI, DODJI.

L'AUTOROUTE A L'AIR ASSEZ DÉGAGÉE, LE BUS DEVRAIT POUVOIR PASSER... IL TE FAUT ENCORE BEAUCOUP DE TEMPS POUR AMÉNAGER L'INTÉRIEUR ?

UNE SEMAINE, PEUT-ÊTRE MOINS SI LES AUTRES M'AIDENT ... MAIS TU LES CONNAIS, ILS EN FICHENT PAS UNE DEPUIS QU'ON S'EST INSTALLÉS AU MAJESTIC ...

ON Y EST QUAND MÊME MIEUX QUE DANS LE BUREAU DU PÈRE D'YVAN. ET PUIS, PRENDRE L'ASCENSEUR DEVENAIT FLIPPANT, AVEC LES PANNES DE COURANT QU'IL Y A PARFOIS !

UNE SEMAINE, ÇA FAIT QUAND MÊME LONG ... ON FERAIT PAS MIEUX D'Y ALLER TOUT DE SUITE EN VOITURE ?

TU SAIS BIEN QUE LES AUTRES REFUSENT QU'ON SE SÉPARE. ET JE TE DIS PAS L'ENFER, À CINQ DANS UNE VOITURE, SURTOUT AVEC TERRY ! ... NON, NON, ON PREND LE BUS, MÊME S'IL EST PLUS DUR À CONDUIRE.

FAUDRAIT PAS TROP TARDER À VÉRIFIER SI C'EST AUSSI ARRIVÉ DANS D'AUTRES VILLES !

HONNÊTEMENT, ON SE DOUTE DÉJÀ DE LA RÉPONSE, NON ? ... SINON, LES GENS QU'ON A ESSAYÉ D'APPELER AURAIENT RÉPONDU.

À MOINS QU'CE SOIT LE TÉLÉPHONE QUI DÉCONNE.

BEN, POURTANT LES PORTABLES FONCTIONNENT ENCORE ...

ORPFF ?!

ARFF !

PUNAISE, QU'EST-CE QUE ÇA SCHLINGUE !

"... Y'A DES TRUCS QUI COMMENCENT À POURRIR.

SI LES BARS ET LES ÉPICERIES ÉTAIENT ENCORE OUVERTS QUAND TOUT LE MONDE A DISPARU, C'EST QUE C'EST ARRIVÉ AVANT DEUX HEURES DU MATIN.

ET APRÈS 23H30... YVAN M'A DIT QUE C'EST L'HEURE À LAQUELLE IL S'EST ENDORMI, ÇA NOUS DONNE UNE FOURCHETTE.

DIS, T'AS VU ? CEUX-CI ONT L'AIR D'AVOIR ÉTÉ CARRÉMENT ... MÂCHÉS !

COMMENT ÇA, "MÂCHÉS" ?

?!

HAAAAAHHAAAAAAA!!!!

CALME, BIJOU ! CALME !

C'EST BON, ON ARRIVE À LA BARRICADE !

OUCH!

FRRRRr

HA,HA! SACRÉ BIJOU! IL NOUS A ENCORE BIEN SURPRIS, CETTE FOIS-CI!

PFOUU!

C'EST ÇA! DÉGAGE! LA VIEILLE VILLE, C'EST NOTRE TERRITOIRE, MAINTENANT!

CHAA!*

HAHAHA! QUEL LOURDAUD!

* BIEN FAIT POUR TOI!

ENCORE À PILLER LES MAGASINS, TERRY ...T'ÉTAIS PAS PLUTÔT CENSÉ AIDER CAMILLE À LA CUISINE ?

J'LE F'RAI PLUS TARD. U M'FAUT DES JOUETS POUR MA 3e CHAMBRE.

TA 3e CHAMBRE ?

ALLEEEEZ, DÉGAAAGE ! TU GÊNES MA BROUEEEETTE !

J'VOUS REJOINS TOUT À L'HEURE ...J'VAIS VOIR SI J'PEUX PAS TROUVER ENCORE QUELQUES OUTILS POUR LE BUS.

BEN VOYONS, CE SERAIT PAS UN VAGUE PRÉTEXTE POUR ÉVITER LE PLUS POSSIBLE LES JOIES SUBTILES DE LA VIE EN GROUPE ?...

NOON !!!C'EST PAS MON GENRE.

PERDS PAS TROP DE TEMPS QUAND MÊME, ON VA BIENTÔT MANGER.

6

TU VEUX QU'J'TE MONTRE MON ÉTAGE ? HEIN DIS ? TU VEUX BIEN V'NIR VOIR ?

TU M'L'AS DÉJÀ FAIT VISITER DIX FOIS, TERRY !

OUAIS, MAIS, MAIS, ... CETTE FOIS, J'AI CHANGÉ DES TRUCS ! ... EN MIEUX ! FAUT QU'TU VOIES ÇA **TOUT DE SUITE** !

OK., OK, MAIS FERME TON CLAPET, PAR PITIÉ !

LÀ, C'EST MES FIGURINES ACTION-PLAY ET PIS DES ROBOTS.

MAIS TU CONNAIS.

LÀ, J'AI TOUTE LA VILLE DES PLAY'MOBILS.

REGARDE ! C'EST COMME SI J'ÉTAIS UN MONSTRE HORRIBLE !

TU ES UN MONSTRE HORRIBLE, TERRY !

OUAAARRR

ET PUIS VOILÀ ! C'EST LA CHAMBRE DES PELUCHES, ICI !

TU PEUX T'JETER PARTOUT : TU PEUX JAMAIS T'FAIRE MAL ! PASSQUE LES PELUCHES ELLES SONT ENTRE TOI ET LES BOSSES, TU COMPRENDS ?

HAHA !

ÇA VA, YVAN ?... C'EST PAS TROP DUR, LA VIE ?

SI TU CROIS QU'C'EST MARRANT D'APPELER TOUT LE BOTTIN ...

TOUT ÇA POUR AVOIR QUE DES RÉPONDEURS, EN PLUS !

... ALLÔ, BONJOUR, DÉSOLÉ DE VOUS DÉRANGER, MAIS JE VOULAIS SAVOIR SI VOUS AVIEZ AUSSI DISPARU. MERCI.

PLAINS-TOI !... AU MOINS TU T'ES PAS FAIT COURSER PAR UN RHINO !

OUI, BEN, ÊTRE COURSÉ PAR UN RHINO-CÉROS, AU MOINS, C'EST PAS MONOTONE.

ET INTERNET, LA TÉLÉ, LA RADIO ?... T'AS VÉRIFIÉ QUE ÇA MARCHAIT TOUJOURS PAS ? FAUT S'BOUGER UN PEU, OH !

EH OH, CALMOS ! J'AI PAS SIX BRAS ET DEUX TÊTES, J'LE FERAI PLUS TARD !

T'AS QUAND MÊME EU LE TEMPS DE RÉCU-PÉRER DES AFFAIRES CHEZ TES PARENTS ?

OUAIP !

MÊME QUE J'AI TROUVÉ UN TRUC INCROYABLE CHEZ MON PÈRE... TU VEUX QUE J'TE MONTRE ?

9

BEN ALORS!

ELLE VA QUAND MÊME PAS SORTIR AVEC CETTE GROSSE BUSE DE TETSUO ?

?

BAAANGG

!!

BANG

KLIING

BANG

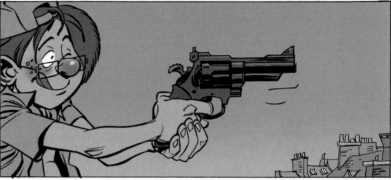

YVAN, J'VAIS TE DIRE UN SECRET... TU SAIS QU'MA FAMILLE ET MES COPAINS DE L'ÉCOLE ME MANQUENT VACHEMENT, HEIN ?

BEN DES FOIS, ILS ME MANQUENT CARRÉMENT PAS DU TOUT... DES FOIS, C'EST COMME S'ILS AVAIENT JAMAIS EXISTÉ ! ...

BANG

WOOUUUU!

WOUHOU! C'EST GÉNIAL!

C'EST QUOI CET AFFREUX BRUIT, À LA FIN ?

VOUS AVEZ DES PÉTARDS ?! VOUS AVEZ DES PÉTARDS ?!

NOUS AVONS ICI LE COMMANDEUR EN CHEF DE TOUS LES PÉTARDS ... CELUI DEVANT QUI MÊME LES MAMMOUTHS S'INCLINENT EN PLEURANT LEUR MÈRE CONGELÉE !

MATEZ UN PEU CE TRUC!

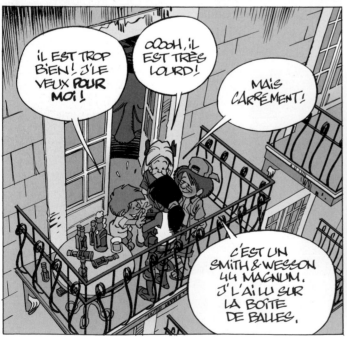

IL EST TROP BIEN! J'LE VEUX POUR MOI!

OOOH, IL EST TRÈS LOURD!

MAIS CARRÉMENT!

C'EST UN SMITH & WESSON 44 MAGNUM. J'L'AI LU SUR LA BOÎTE DE BALLES.

À MOI D'TIRER! DONNE! DOOONNE!

C'EST PAS UN JOUET, TERRY!!

QU'EST-CE QUE VOUS FOUTEZ?

COOL, DODJI! ... J'LEUR MONTRAIS JUSTE LE FLINGUE QUE J'AI TROUVÉ CHEZ MON PÈRE.

QU'EST-CE QUE TU "'

PAUV' CON!

AÏE!

NON MAIS ÇA VA PAS ?! ...YVAN T'A RIEN FAIT!

FILE-MOI ÇA TOUT DE SUITE!

DONNE, J'TE DIS!

AAAAH!

TU M'AS PAS ENTENDU ?

DANS TES RÊVES! ...T'AS VU COMME TU M'PARLES ?!

13

T'ES FOU, DODJI! TU LUI AS FAIT MAL!

AÏÏÏE!

PAUV' MINABLE ...

NON MAIS C'EST VRAI, QU'EST-CE QUI TE PREND? ON FAISAIT RIEN DE MAL!

MÉCHANT!

VOUS ... VOUS ALLIEZ FINIR PAR FAIRE UNE CONNERIE ...

Y AVAIT PLUS DE BALLES DEDANS, ON AVAIT DÉJÀ TOUT UTILISÉ! C'EST À CAUSE DE **TOI** QUE J'SUIS BLESSÉE!

VOUS AGIS-SEZ COMME DES MÔMES. J'AI FAIT ÇA POUR ...

T'AS FAIT ÇA PARCE QUE TU CROIS ÊTRE NOTRE CHEF! MAIS **T'ES PAS NOTRE CHEF!** T'AS VU TROP DE FILMS DE CLINT EASTWOOD!

LE FLINGUE, IL EST À YVAN! RENDS-LE-LUI!

OK.. C'EST BON ... J'AI COMPRIS.

BONK

ET LÈVE PLUS JAMAIS LA MAIN SUR MOI! J'TE PRÉVIENS!

14

TOUT LE MONDE IL A DISPARU... LE SUPERÉRO EST TOUT SEUL AVEC SON PISTO-LAZER.

MAIS LE DINO, Y VEUT PIQUER LE PISTO-LAZER! ROAARAARRH... AU S'COURS!! AU S'COURS!

Ooooh! LA VIERGE QUI BRILLE DANS L'NOIR, ELLE SAUVE LE SUPERÉRO!

MAIS LE DINO IL EST TROP FORT, IL MANGE LA VIERGE! ROOAARAARRAH!

ET LA TEMPÊTE, ELLE ARRIVE! AAAAH, ON COULE! AAAAH, ON EST TOUS MORTS!

CLIC

BLUB BLUB BLL

TU T'EN VAS, DODJI?

JACUZZI

...TU DEVRAIS DORMIR, IL EST ENCORE TÔT.

J'SUIS TROP ÉNERVÉ PAR MES JOUETS... DIS, TU PARS POUR TOUJOURS?

CLIC

BLU BLUB BLL...

...RECOUCHE-TOI, TERRY.

JACUZZI

16

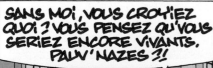

J'M' ENNUIE.

J'M' ENNUiiiiiiiiii-iiiiiiiii-EUH !

CAMILLE, TU JOUES AVEC MOI ?

!?!

JE... J'AI PAS L'TEMPS, JE DOIS FAIRE MES DEVOIRS !

TES DEVOIRS ? MAIS Y A PLUS ÉCOLE, MAINTENANT !

ON SAIT JAMAIS ! SI TOUT LE MONDE RÉAPPARAIT, JE VEUX PAS ME FAIRE ATTRAPER !

C'EST QUOI CETTE ROBE BIZARRE QUE TU PORTES ?

J'AI FAIT QU'L'EMPRUNTER ! J'SUIS PAS UNE VOLEUSE !

J'M'EN FICHE, TU SAIS, MOI AUSSI J'AI VOLÉ PLEIN D'JOUETS !

SORS D'ICI, LAISSE-MOI TRANQUILLE !

19

DES BOÎTES DE CLOUS... C'ÉTAIT BIEN LA PEINE, TIENS...

IL CROIT QUOI CE CORNIAUD? QU'LE BUS EST EN BOIS? RHÂÂ!

KLINT... CLINGTING...

!!

HHH,,,,
HAAAA!

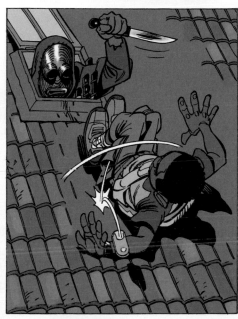

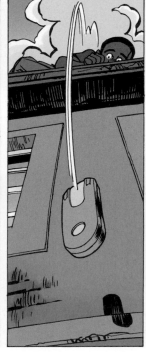

TINK
TINGKLINK

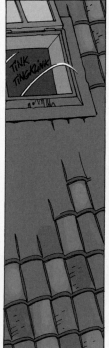

YVAN, FAUT SE LEVER !

T'AS UNE TÊTE DE ZOMBI TOUT MORT, TU VAS ENCORE VOMIR ?

ÇA M'EST REVENU...

QUOI DONC ?

CE QUI S'EST PASSÉ CE SOIR-LÀ, QUAND ILS ONT TOUS DISPARU... PAPA M'A SORTI DU LIT, J'DORMAIS QU'À MOITIÉ...

IL NOUS A EMMENÉS DANS LA VOITURE AVEC M'MAN... IL AVAIT PEUR, IL DISAIT QUE... LES QUINZE FAMILLES EN AVAIENT APRÈS NOUS... QU'IL FALLAIT PARTIR AVANT D'ÊTRE MASSACRÉS...

C'EST QUI CES FAMILLES ?

...

EH, YVAN ! LÀ TU DORS PAS QU'À MOITIÉ !

RZZ-Z

GNN ?

TU DISAIS QUOI ALORS ?

UH ?... DE QUOI TU M'PARLES ? ...

AH OUAIS, TU DISAIS DES BÊTISES, EN FAIT... DIS, TU VIENS ? J'AI EU UNE IDÉE POUR NETTOYER LA VAISSELLE **TRÈS VITE** !

J'AI MIS DU PRODUIT VAISSELLE, PIS J'AI BATTU AVEC LES PIEDS, POUR QUE ÇA MOUSSE!

TROP FORT TERRY !!!

BON ALORS, TU VIENS JOUER ?

DEMANDE AUX AUTRES.

AÏE !

LEÏLA ET CAMILLE, ELLES SONT OCCUPÉES "ET DODJI, IL EST PARTI TÔT CE MATIN. J'ESPÈRE PAS POUR TOUJOURS, MAIS IL A PAS VRAIMENT DIT.

"DODJI EST PARTI ?

25

27

ÇA ME FAIT UN PEU DU SOUCI ... IL EST MÊME PAS REV'NU MANGER AVEC NOUS À MIDI.

TU VOUDRAIS PAS L'APPELER AVEC TON TÉLÉPHONE, AU CAS OÙ ?

ALORS LÀ, DANS TES RÊVES ! C'EST À **LUI** D'APPELER ET DE S'EXCUSER.

Y R'VIENDRA. C'EST JUSTE QU'AVEC SON CARACTÈRE POURRI, Y DIGÈRE PAS QU'UNE FILLE PUISSE LUI TENIR TÊTE ...

CINEMA LE PALACE

TANT PIS POUR SA POMME ! ON S'DÉBROUILLE TRÈS BIEN SANS LUI, NON ?

BONJOUR, JE VOUDRAIS UNE PLACE POUR "VIOLENT INSTINCT", S'IL VOUS PLAÎT.

CE FILM EST INTERDIT AUX MOINS DE 16 ANS, MONSIEUR ... VOUS AVEZ UNE CARTE D'IDENTITÉ ?

... UNE OÙ J'AI 48 ANS ET UNE MOUSTACHE, ÇA VOUS IRA ?

OUIIIIII, ÇA SERA TRÈS BIEN !

VOILÀ ... J'L'AI TROUVÉE DANS UNE VOITURE.

OOH, EFFECTIVEMENT, TRRRÈS BELLE MOUSTACHE ! VOICI VOTRE TICKET, MONSIEUR.

BON, QU'EST-CE QU'ON SE PREND ?

27

29

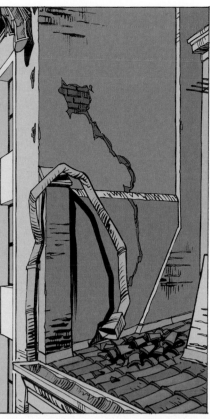

...PIÉGÉ.

BEUUHAAAA! LE MÉCHANT, Y M'A FAIT PEUUUUUUR!

OH, ÇA VA, TERRY ...C'EST QU'UN FILM!

FAUT R'CONNAÎTRE QUE LE COUP DU CADAVRE QU'A PLUS SES YEUX, ÇA FOUT LES CHOCOTTES DE SA RACE MAUDITE, QUAND MÊME!

J'VEUX PAS QU'Y M'GOBE LES N'YEULLUX!

MOI, JE DIS QUE SI DODDI AVAIT ÉTÉ LA', IL AURAIT EU RAISON DE NOUS DÉCON-SEILLER CE FILM.

EH, OH, TU VAS PAS T'Y METTRE.

BEUUUH-EULLEUX!

TU VEUX BIEN L'APPELER, MAINTENANT? ...JE VOUDRAIS QU'IL REVIENNE AVEC NOUS.

D'ACCORD ...MAIS C'EST PARCE QUE T'INSISTES.

YES! ...IL M'A APPELÉE L'PREMIER! IL M'AVAIT LAISSÉ UN MESSAGE!

ALORS, QU'EST-CE QU'IL DIT?

30

LES GOUTTIÈRES SONT PAS ASSEZ SOLIDES...

J'SUIS SÛR QUE CE TYPE VA ESSAYER D'AVOIR LES AUTRES...ILS ONT BESOIN DE MOI!...

...MAIS JE PEUX RIEN FAIRE!

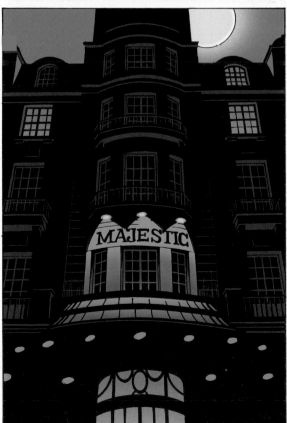

MAJESTIC

ET SI DODJI REVIENT, COMMENT IL RENTRERA?

ON VÉRIFIERA QU'C'EST BIEN LUI ET ON IRA LUI OUVRIR!

ET S'IL R'VIENT PAS?... SI L'ADULTE L'A TUÉ?

32

MAIS... IL PEUT QUAND MÊME PAS NOUS **TUER!** ON EST DES ENFANTS!

RÉVEILLE-TOI, CAMILLE! TU T'RAPPELLES LE CAMION? ET LE MANTEAU HORRIBLE QUE PORTE CE TYPE? C'EST UN **GROS PSYCHO-PATHE!**

DODJI EST PAS DU GENRE À S'LAISSER FAIRE... IL VA REVENIR...

MAIS, C'EST QUI CET ADULTE? QU'EST-CE QU'IL NOUS VEUT?

C'EST UN SERIAL-KILLER... AVEC UN NOM DU GENRE "LE MAÎTRE DES COUTEAUX", TU VOIS? QUI COUPE UNE TÊTE HUMAINE POUR LA TAPER CONTRE LES VITRES DE TA VOITURE, COMME DANS LES LÉGENDES URBAINES!

MAIS POURQUOI IL FRAPPE UNE TÊTE CONTRE DES VITRES? ÇA SERT SUPER À RIEN!

SHHH! VOUS AVEZ ENTENDU?

BEN... C'EST P'TÊTRE DU MORSE, POUR DIRE: "J'VAIS TOUS VOUS TUER"?

ÇA VENAIT D'UN DE MES PIÈGES, DANS LES ESCALIERS DE SERVICE!

ON L'A 'EUUUUR!

PASSE DEVANT, C'EST TOI QU'AS LE PISTOLET!

IL EST À TOI! PLAISIR D'OFFRIR! PRENDS-LE! VITE!

C'EST HORRIB'! J'AI L'IMPRESSION D'ÊTRE DANS SHINING!

33

RHAAA! ... C'EST UN DE TES FICHUS HAMSTERS QU'A DÉCLENCHÉ LE PIÈGE, CAMILLE!

FIFIIIIIIII!

J'SUIS NAVRÉE ... MAIS IL AVAIT RIEN À FAIRE DANS L'ESCALIER D'SECOURS AUSSI!

IL NE CHERCHAIT QU'À FUIR CET HÔTEL MAUDIT, ET LE VOILÀ AU PARADIS DES HAMSTERS PLATS ... QUELLE TERRIBLE IRONIE.

HIIIIIIIIIIIIIIIIIIIII

TU PEUX PAS L'MANQUER! IL EST DANS UN COULOIR!

AH?

BLAM

TAK

MAIS C'EST PAS VRAI?! TU FAIS EXPRÈS?!

VISE MIEUX, NOM D'UNE PIPE!

RHAAA!

J'FAIS C'QUE J'PEUX!

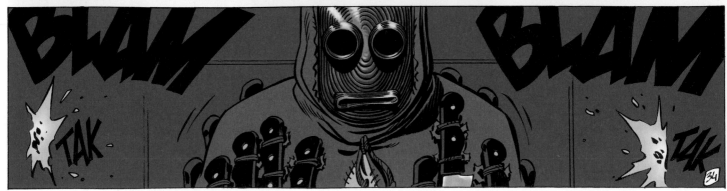

BLAM

TAK

BLAM

TAK

BLAAAMM

BLAAAMM

"... PLUS L'TEMPS DE RÉFLÉCHIR."

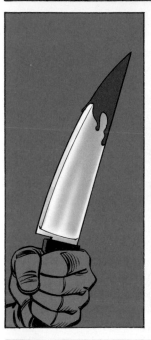

VAS-Y DODJI !

SES BRAS SONT PLUS GRANDS QUE LES MIENS ...

JE DOIS ME RAPPROCHER... ESQUIVER.

VIDER MES POUMONS AVANT CHAQUE COUP... PROTÉGER MES CÔTES.

ENCAISSER AVANT DE FRAPPER ... ET FRAPPER POUR FAIRE MAL.

MAIN-TENANT !

DOOHH

HHHH... HHHH

40

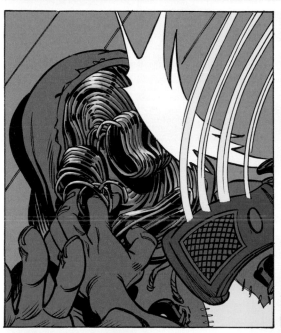

TU AS L'AIR D'ALLER MIEUX!

OUAICH!

C'EST PASSQUE J'LUI AI PRÊTÉ MES PLUS JOLIES PELUCHES: ELLES ONT VEILLÉ SUR LUI PENDANT QU'IL DORMAIT!

EH, DOUCEMENT, J'VAIS ÉTOUFFER!

N'EMPÊCHE, T'AS EU DU BOL QU'LE COUTEAU SOIT PAS ENTRÉ TROP PROFOND ...

CE QUI EST SÛR, C'EST QUE L'ESTOMAC EST INTACT.

ET DODJI?! COMMENT IL VA ?

IL EST AMOCHÉ MAIS ÇA DEVRAIT ALLER.

IL A PAS DÉCROCHÉ UN MOT DEPUIS HIER. IL EST RESTÉ EN BAS AVEC ... L'AUTRE.

AIDEZ-MOI ... JE VEUX LE VOIR, CELUI-LÀ.

T'ES SÛR ?

OUI ... J'CROIS QUE C'EST IMPORTANT.

42

ON EST PARÉS, DODJI !

BRRM BRRRRR

FORTVILLE 8

ALLEZ DODJI, ON S'EN VA !

LES AUTRES VILLES NOUS ATTENDENT !

C'EST LE SOUK DANS CE BUS!...

OUAIS, BEN ON FINIRA D'AMÉNAGER PLUS TARD!

C'ÉTAIT OBLIGÉ, AUSSI, D'EMPORTER TOUS TES JOUETS, TERRY?

J'PARS PAS SANS MES JOUEEEETS!

ARRRH... LE VOYAGE PROMET D'ÊTRE LONG!

OUIIIIINN OUIIIIINN

OUIIN'N OUIIN'NN

SHHHH... SHHHHH

HH... HHH...!!

SHHHH...

46

STEELMAN

COULEURS: CERISE.

VEHLMANN GAZZOTTI